DIATRIBE

DU DOCTEUR

AKAKIA,

Médecin du Pape.

DECRET

DE L'INQUISITION;

ET RAPPORT

DES

PROFESSEURS DE ROME,

AU SUJET D'UN

PRETENDU PRESIDENT.

ROME

M. DCC. LIII

ŒUVRES
MÊLÉES..
D'UN
AUTEUR CELEBRE
Qui s'eſt retiré de France.

❀❀
❀

BERLIN.
1753.

DIATRIBE
DU DOCTEUR
AKAKIA,
Médecin du Pape.

Ien n'est plus commun aujourd'hui que de jeunes Auteurs ignorés, qui mettent sous des noms connus des ouvrages peu dignes de l'être. Il y a des Charlatans de toute espèce. En voici un qui a pris le nom d'un Président d'une très illustre Académie

A iij

pour débiter des drogues aſſez ſin-
gulières. Il eſt démontré que ce
n'eſt pas le reſpectable Préſident
qui eſt l'Auteur des livres qu'on
lui attribue ; car cet admirable
Philoſophe qui a découvert que
la Nature agit toujours par les
Loix les plus ſimples, & qui
ajoute ſi ſagement qu'elle va toù-
jours à l'épargne, auroit certaine-
ment épargné au petit nombre de
lecteurs, capables de le lire, la
peine de lire deux fois la même
choſe dans le Livre intitulé *ſes*
Oeuvres & dans celui qu'on appelle *ſes Lettres*. Le tiers au moins
d'un de ſes volumes eſt copié mot
pour mot dans l'autre. Ce grand
homme ſi éloigné du charlataniſ-
me, n'auroit point donné au Public des Lettres qui n'ont été écri-
tes à perſonne, & ſurtout ne ſeroit point tombé dans certaines
petites fautes, qui ne ſont par-

donnables qu'à un jeune homme.
Je crois, autant qu'il eſt poſſible, que ce n'eſt point l'intérêt
de ma profeſſion qui me faît parler ici. Mais on me pardonnera de
trouver un peu fâcheux que cet
Ecrivain traite les Médecins comme ſes Libraires, il prétend nous
faire mourir de faim. Il ne veut
pas qu'on paye les Médecins quand
malheureuſement le malade ne
guérit point. On ne paye point,
dit-il, * un Peintre qui a fait un
mauvais tableau. O jeune homme,
que vous êtes dur & injuſte! Le Duc
d'Orléans, Régent de France, ne
paya-t-il pas magnifiquement le
barbouillage dont Coypel orna la
galerie du Palais Royal? Un Client
prive-t-il d'un juſte ſalaire ſon
Avocat, parce qu'il a perdu ſa
cauſe? un Médecin promet ſe

* Page 124.

foins &; non la guérifon. Il fait.
fes efforts & on les lui paye. Quoi
feriez vous jaloux même des Médecins ?

Que diroit, je vous prie, un
homme qui auroit, par exemple,
douze cens ducats de penfion pour
avoir parlé de Mathématique &
de Métaphyfique, pour avoir dif-
féqué deux crapaux & s'être fait
peindre avec un bonnet fouré, fi
le Tréforier venoit lui tenir ce
langage : Monfieur, on vous retranche cent ducats pour avoir
écrit qu'il y a des aftres faits comme des meules de moulin, cent,
autres ducats pour avoir écrit
qu'une Comete viendra *voler* notre Lune, & porter fes *attentats*
jufqu'au Soleil même ; cent autres
ducats pour avoir imaginé que des
Cometes *toutes d'or & de dia-*
mant tomberont fur la terre : vous
êtes taxé à trois cent ducats pour

avoir affirmé que les enfans se for-
ment par attraction dans le ventre
de la mère, (*) que l'œil gauche
attire la jambe droite , (†) &c.
On ne peut vous retrancher moins
de quatre cent ducats pour avoir
imaginé de connoître la nature de
l'Ame par le moyen de l'opium,
& en disséquant des têtes de géans,
&c. &c. Il est clair que le pauvre
Philosophe perdroit de compte
fait toute sa pension. Seroit-il bien
aise après cela que nous autres
Médecins, nous nous moquas-
sions de lui , & que nous assuras-
sions que les recompenses ne sont
faites que pour ceux qui écrivent
des choses utiles, & non pas pour
ceux qui ne sont connus dans
le monde que par l'envie de se
faire connoître.

(*) Dans les *Oeuvres & Lettres*,
(†) Voyez la *Venus Physique*.

Ce jeune homme inconfideré
reproche à mes Confreres Médecins de n'être pas affez hardis. Il
dit (*) que c'eft au hazard & aux
Nations fauvages qu'on doit les
feuls fpécifiques connus , & que
les Médecins n'en ont pas trouvé
un. Il faut lui apprendre que c'eft
la feule expérience qui a pu en-
feigner aux hommes les remedes
que fourniffent les plantes. *Hip-
pocrate* , *Boerhaave* , *Chirac* & *Se-
nac* , n'auroient jamais certaine-
ment deviné en voyant l'arbre du
Quinquina , qu'il doit guérir la
fièvre , ni en voyant la Rhubarbe
qu'elle doit purger , ni en voyant
des Pavots qu'ils doivent affoupir.
Ce qu'on appelle *hazard* peut feul
conduire à la découverte des pro-
priétés des plantes ; & les Médecins ne peuvent faire autre chofe

(*) Pag. 20f.

que de conſeiller ces remèdes ſuivant les occaſions. Ils en inventent
beaucoup avec le ſecours de la
Chimie ; ils ne ſe vantent pas de
guérir toujours, mais ils ſe vantent
de faire tout ce qu'ils peuvent pour
ſoulager les hommes. Le jeune
plaiſant qui les traite ſi mal, a-t-il
rendu autant de ſervices au genre
humain que celui qui tira, contre
toute apparence, des portes du
tombeau le Maréchal de Saxe,
après la victoire de Fontenoi ?

Notre jeune raiſonneur prétend
qu'il faut que les Médecins ne
ſoient plus qu'Empiriques (*) &
leur conſeille de bannir la Théorie. Que diriez-vous d'un homme
qui voudroit qu'on ne ſe ſervît
plus d'Architectes pour bâtir des
maiſons, mais ſeulement de Ma-
çons qui tailleroient des pierres
au hazard ?

(*) Pag. 119.

Il donne aussi le sage conseil de négliger l'Anatomie. (*) Nous aurons les Chirurgiens pour nous. Nous sommes seulement étonnés que l'Auteur, qui a eu quelques petites obligations aux Chirurgiens de Montpellier dans des maladies qui demandoient une grande connoissance de l'intérieur de la tête & de quelques autres parties du ressort de l'Anatomie, en ait si peu de reconnoissance.

Le même Auteur, peu savant apparemment dans l'Histoire, en parlant de rendre les supplices des Criminels utiles , & de faire sur leurs corps des expériences, dit [†] que cette proposition n'a jamais été exécutée ; il ignore ce que tout le monde sait, que du tems de Louis XI. on fit pour la première

(*) Pag. 120.
[†] Pag. 198.

fois en France fur un homme con‑
damné à mort , l'épreuve de la
taille ; que la Reine d'Angleterre
fit effayer l'inoculation de la peti‑
te vérole fur quatre Criminels ;
&. qu'il y a d'autres exemples
pareils.

Mais fi notre Auteur eft igno‑
rant , on eft obligé d'avouer qu'il
a en recompenfe une imagination
fingulière ; il veut en qualité de
Phyficien , que nous nous fervions
de la force centrifuge pour guérir
une appoplexie , (*) & qu'on
faffe pirouetter le malade. L'idée
à la vérité n'eft pas de lui, mais il
lui donne un air fort neuf.

Il nous confeille [§] d'enduire
un malade de poix raifine , ou de
percer fa peau avec des aiguilles.
Sil exerce jamais la Médecine &

{ *) Pag. 20?.
[§] Pag. 106.

qu'il propofe de tels remedes , il
y a grande apparrence que fes malades fuivront l'avis qu'il leur
donne , de ne point payer le Médecin.

Mais ce qu'il y a d'étrange, c'eft
que ce cruel ennemi de la Faculté,
qui veut qu'on nous retranche notre falaire fi impitoyablement, propofe (*) pour nous adoucir, de rui-
ner les malades. Il ordonne (car il
eft defpotique) que chaque Médecin ne traite qu'une feule infirmité,
de forte que fi un homme a la
goutte , la fièvre, le dévoiement,
mal aux yeux , & mal à l'oreille,
il lui faudra payer cinq Médecins
au lieu d'un. Mais peut-être auffi
que fon intention eft que nous
n'ayons chacun que la cinquiéme
partie de la rétribution ordinaire.
Je reconnois bien là fa malice.

(*) Pag. 208.

Bien-tôt on conseillera aux dévots d'avoir des Directeurs pour chaque vice, un pour l'ambition sérieuse des petites choses, un pour la jalousie cachée sous un air dur & impérieux, un pour la rage de caballer beaucoup pour des riens, un pour d'autres miseres ; mais ne nous égarons point, & revenons à nos Confreres.

Le meilleur Médecin, dit-il, *est celui qui raisonne le moins.* Il paroît être en Philosophie aussi fidele à cet Axiome que le Pere *Canaïe* l'étoit en Théologie ; cependant malgré sa haine contre le raisonnement, on voit qu'il a fait de profondes méditations sur l'art de prolonger la vie. Premierement, il convient avec tous les gens sensés, & c'est de quoi nous le félicitons, que nos Peres vivoient huit à neuf cens ans.

Ensuite ayant trouvé tout seul

indépendamment de *Leibnitz*, que
la maturité n'est point l'âge de la
force, *l'âge v ril* ; *mais que c'est la*
mort, il propose de reculer ce
point de maturité (*) *comme on*
conserve des œufs en les empêchant
d'éclorre. C'est un beau secret, &
nous lui conseillons de se faire
bien assurer l'honneur de cette découverte dans quelques poulail-
lers, ou par sentence criminelle
de quelque Académie.

On voit par le compte que nous
venons de rendre, que si ces Lettres imaginaires étoient d'un Président, elles ne pourroient être
que d'un Président de *Bedlam* [†]
& qu'elles sont incontestablement,
comme nous l'avons dit, d'un jeune homme qui s'est voulu parer du
nom d'un Sage, respecté, comme

(*) Pag. 76.
[†] Les *petites Maisons* de Londres.

on

on fait, dans toute l'Europe, &
qui a confenti d'être déclaré *grand*
homme. Nous avons vû quelquefois au Carnaval en Italie, Arlequin déguifé en Archevêque, mais
on démêloit bien vite Arlequin
à la maniere dont il donnoit la
bénédiction. Tôt ou tard on eft
reconnu ; cela rappelle une fable
de la Fontaine :

>> *Un petit bout d'oreille échappé par*
     malheur ,
   « *Découvrit la fourbe & l'erreur.*

Ici on voit des oreilles tout *en-*
tieres.

DECRET

DE

LINQUISITION
DE ROME.

DECRET

DE

L'INQUISITION

DE ROME.

NOUS , Pere Pancrace &c. Inquifiteur pour la Foi, avons lû la *Dia-tribe* de Monfignor Akakia, Médecin ordinaire du Pape, fans fçavoir ce que veut dire *Diatribe*, & n'y avons rien trou-vé de contraire à la Foi ni aux Dé-crétales. Il n'en eſt pas de même des Œuvres & Lettres du jeune Inconnu déguifé fous le nom d'un Préfident.

Nous avons, aprés avoir in-

voqué le Saint Esprit , trouvé dans
les Œuvres , c'est-à-dire , dans
l'*in-quarto* de l'Inconnu , force
propofitions téméraires , mal fon-
nantes , hérétiques & fentant l'hé-
réfie. Nous les condamnons col-
lectivement , féparément & ref-
pectivement.

Nous anathématifons fpéciale-
ment & particuliérement l'Effai de
Cofmologie où l'Inconnu aveuglé
par les principes des enfans de *Bé-
lial* , & accoutumé à trouver tout
mauvais , infinue , contre, la parole
de l'Ecriture*(a)*,que c'eft un défaut
de Providence que les araignées
prennent des mouches , & dans
laquelle Cofmologie l'Auteur fait
enfuite entendre qu'il n'y a d'autre preuve de l'exiftence de Dieu
que dans Z égal à B divifé par A
plus B *(b)*. Or ces caracteres étant

(*a*) Œuv. p. 9.
(*b*) Œuv. pag. 45.

tirés du Grimoire, & viſiblement
diaboliques, nous les déclarons
attentatoires à l'autorité du Saint
Siége.

Et comme ſelon l'uſage nous
n'entendons pas un mot aux ma-
tieres qu'on nomme de Phyſique,
Mathématique, Dynamique, Mé-
taphyſique, &c. Nous avons en-
joint aux Reverends Profeſſeurs
de Philoſophie du Collége de la
Sapience, d'examiner les Œuvres
& les Lettres du jeune Inconnu, &
de nous en rendre un compte fidé-
le. Ainſi Dieu leur ſoit en aide.

JUGEMENT

Des Professeurs du Collége de la Sapience.

1°. Nous déclarons que les loix sur le choc des corps parfaitement durs, sont inutiles & imaginaires, attendu (a) qu'il n'y a aucun corps connu parfaitement dur, mais bien des esprits durs, sur lesquels nous avons en vain tâché d'opérer.

2°. L'assertion, que le *produit de l'espace par la vitesse est toujours un minimum* (b), nous a semblé fausse ; car ce produit est quelquefois un *maximum* comme *Leibnitz* le pensoit, & comme il est

(a) Œuv. pag. 4.
(b) Œuv. pag. 44.

prouvé

prouvé. Il paroît que le jeune Auteur n'a pris que la moitié de l'i-
dée de *Leibnitz* ; & en cela nous
le difculpons de l'imputation qu'il
dit qu'on lui a faite d'avoir pris
l'idée de *Leibnitz* toute entiere.

3°. Nous adhérons en outre à
la censure que Monsignor AKA-
XIA, Médecin du Pape, & tant
d'autres ont faite des Œuvres du
jeune Pfeudonime, & furtout de
la Venus Phyfique (a). Nous con-
feillons au jeune Auteur quand il
procédera avec fa femme (s'il en
a une) à l'œuvre de la génération.
de ne plus penfer que l'enfant fe
forme dans l'uterus par le moyen
de l'attraction ; & nous l'exhortons, s'il commet le péché de la
chair, à ne pas envier le fort des
colimaçons en amour, ni celui des
crapaux, & à imiter moins le ftile

(a) pag. 248.

C

de *Fontenelle* , quand la maturité
de l'âge aura formé le sien.

Nous venons à l'examen des
Lettres que nous avons jugées con-
tenir par un double emploi vi-
cieux presque tout ce qui est dans
les *Œuvres* ; & nous l'exhortons
à ne plus débiter deux fois la même marchandise sous des noms
différens , parce que cela n'est pas
d'un honnête Négociant comme
il devroit l'être.

EXAMEN DES LETTRES.

1°. Il faut d'abord que se jeune
Auteur apprenne que la *prévoyan-
ce* (*a*) n'est point appellée dans
l'homme *prévision* ; que ce mot
prévision est uniquement consacré
à la connoissance par laquelle Dieu
voit l'avenir. Il est bon qu'il sçache la force des termes avant de se
mettre à écrire. Il faut qu'il sçache
que l'ame ne s'*apperçoit* point elle.

(*a*) pag. 3.

même : elle voit des objets & ne fe
voit pas ; c'eſt-là ſa condition. Le
jeune Ecrivain peut aiſément ré-
former ſes erreurs.

2°. *Il eſt faux que la mémoire*
nous faſſe plus perdre que gagner (a)
Le Candidat doit apprendre que la
mémoire eſt la faculté de retenir
des idées, & que ſans cette faculté, l'homme ne pourroit rien faire
entendre, ni même preſque rien
connoître, ni ſe conduire ſur
rien, qu'il ſeroit abſolument imbécile ; il faut que le jeune homme conſulte ſur cela ſes Profeſſeurs.

3°. Nous ſommes obligés de
déclarer ridicule cette idée (b),
que l'ame eſt comme un corps qui ſe
remet dans ſon état après avoir été
agité, & qu'ainſi l'ame revient à
ſon état de contentement ou de dé-

(a) pag. 5.
(b) pag. 8.

C ij

treffe qui eft fon état naturel. Le
Candidat s'eft mal exprimé. Il
vouloit dire apparemment que
chacun revient à fon caractere ;
qu'un homme par exemple, après
s'être efforcé de faire le Philofo-
phe, revient aux petitéffes ordi-
naires, &c. Mais des vérités fi tri-
viales ne doivent pas être redites :
c'eft le défaut de la jeuneffe de
croire que des chofes communes
peuvent recevoir un caractere de
nouveauté par des expreffions obf-
cures.

4°. Le Candidat fe trompe
quand il dit que l'étendue n'eft
qu'une perception (*a*) de notre
ame. S'il fait jamais de bonnes
études, il verra que l'étendue n'eft
pas comme le fon & les couleurs
qui n'exiftent que dans nos fen-
fations ; mais que l'étendue exif-
te indépendamment de nos fen-

(*a*) pag. 15.

fations comme le fçait tout écolier.

5°. A l'égard de la Nation Allemande qu'il vilipende (*a*) & qu'il traite d'imbécile en termes équivalens, cela nous paroît ingrat & injufte; ce n'eft pas tout de fe tromper, il faut être poli; il fe peut faire que le Candidat ait cru inventer quelque chofe après *Leibnitz*; mais nous dirons à ce jeune homme que ce n'eft pas lui qui a inventé la poudre.

6°. Nous craignons que l'Auteur n'infpire à fes camarades quelques petites tentations de chercher la Pierre Philofophale (*b*). car, dit-il, fous quelque *afpect qu'on la confidére on ne peut en prouver l'impoffibilité*. Il eft vrai qu'il avoue qu'il y a de la folie à employer fon bien à la chercher;

(*a*) pag. 50. 51.
(*b*) pag. 85.

C iij

mais comme en parlant de la fom-
,me du bonheur, il dit qu'on ne
peut démontrer la Religion Chrétienne, & que cependant bien
des gens la fuivent, il fe pourroit
à plus forte raifon que quelques
perfonnes fe ruinaffent à la recher-
che du grand Œuvre, puifqu'il eft
poffible. felon lui de le trouver.

7°. Nous paffons plufieurs chofes qui fatigueroient la patience
du Lecteur, & l'intelligence de
Mr. l'Inquifiteur ; mais nous
croyons qu'il fera fort furpris
d'apprendre que le jeune Étu-
diant (*b*) veuille abfolument dif-
féquer des cerveaux de Géants
hauts de douze pieds, & des hommes vélus, portant queuës pour
fonder la nature de l'intelligence
humaine ; qu'avec de l'opium &
des rêves il modifie l'ame ; qu'il
faffe naître des anguilles *groffes*
d'autres anguilles avec de la farine.

(*a*) pag. 222. 223.

délayée, & des poiſſons avec des
grains de bled (a). Nous prenons
cette occaſion de divertir M. l'In-
quiſiteur.

8°. Mais Monſieur l'Inquiſi-
teur ne rira plus quand il verra
que tout le monde peut devenir
Prophéte; car l'Auteur ne trouve
pas plus de difficulté à voir l'avenir que le paſſé. Il avoue (b) que
les raiſons en faveur de l'Aſtrolo-
gie judiciaire ſont auſſi fortes que
les raiſons contre elle. Enſuite il
aſſure (c) que les perceptions du
paſſé, du préſent & de l'avenir
ne différent (d) que par le dégré
d'activité de l'ame. Il eſpére
qu'un peu plus de chaleur & d'ex-
altation dans l'imagination pour-
ra ſervir à montrer l'avenir,

(a) pag. 143.
(b) pag. 147.
(c) pag. 151.
(d) pag. 154.

C iiij

comme la mémoire montre le paſſé. Nous jugeons unanimement
que ſa cervelle eſt fort éxaltée ; &
qu'il va bientôt prophétiſer. Nous
ne ſçavons pas encore s'il ſera Prophéte dans ſon pays, s'il ſera des
grands ou des petits Prophétes ;
mais nous craignons qu'il ne ſoit
Prophéte de malheur ; puiſque
dans ſon Traité du bonheur même
il ne parle que d'affliction : il dit
(a) ſurtout, que tous les fous ſont
malheureux. Nous faiſons à tous
ceux qui le ſont un compliment
de condoléance ; mais ſi ſon ame
exaltée a vu l'avenir, n'y a-t-el-
le pas vu un peu de ridicule ?

9°. Il nous paroît avoir quelque envie d'aller aux Terres Auſtrales (b), quoiqu'en liſant ſon
livre on ſoit tenté de croire qu'il
en révient ; cependant il ſemble
ignorer qu'on connoît il y a long-

(a) pag. 9.
(b) pag. 172.

tems la Terre de Fréderic Henri ;
située par - delà le quarantiéme
dégré de latitude méridionale ;
mais nous l'avertiſſons que ſi au-
lieu d'aller aux Terres Auſtrales,
il prétend (a) naviger tout droit
directement ſous le pole arctique,
perſonne ne s'embarquera avec
lui. Il doit encore être aſſuré que
s'il parvient à faire comme il le
prétend (b), un trou qui aille juſqu'au centre de la terre (où il
veut apparemment ſe cacher de
honte d'avoir avancé de telles choſes) on ne le ſuivra pas dans ſon
trou plus que ſous le pole.

10°. Pour concluſion nous
prions Monſieur le Docteur AKA-
KIA de lui preſcrire des tiſannes
rafraîchiſſantes ; nous l'exhortons
a étudier dans quelque Univerſi-
té & à y être modeſte.

Si jamais on envoye quelques

(a) pag. 174.
(b) pag. 186.

Phyſiciens vers la Finlande pour vérifier s'il ſe pèut par quelques meſures ce que Newton a découvert par la ſublime théorie de la gravitation & des forces centrifuges, s'il eſt nommé de ce voyage, qu'il ne cherche point continuellement à s'élever au-deſſus de ſes Compagnons, qu'il ne ſe faſſe point peindre ſeul applatiſſant la terre, ainſi qu'on peint Atlas portant le Ciel, comme ſi l'on avoit changé la face de l'univers pour avoir été ſe réjouir dans une Ville où il y a Garniſon Suédoiſe ; qu'il ne cite pas à tout propos le cercle polaire.

Si quelque compagnon d'étude vient lui propoſer avec amitié un avis différent du ſien, s'il lui fait confidence qu'il s'appuye ſur l'autorité de *Leibnitz* & de pluſieurs autres Philoſophes, s'il lui montre en particulier une Lettre de *Leibnitz* qui contrediſe formelle-

ment notre Candidat, que ledit
Candidat n'aille pas s'imaginer
fans réfléxion & crier par tout,
qu'on a forgé une Lettre de *Leibnitz* pour lui ravir la gloire d'être
un Original.

Qu'il ne prenne pas l'erreur où
il eſt tombé ſur un point de Dynamique abſolument inutile dans
l'uſage pour une découverte admirable.

Si ce camarade après lui avoir
communiqué pluſieurs fois ſon
ouvrage, dans lequel il le combat
avec la diſcrétion la plus polie &
avec éloge, l'imprime de ſon con-
ſentement, qu'il ſe garde bien de
vouloir faire paſſer cet ouvrage
de ſon Adverſaire pour un crime
de Lèſe Majeſté Académique.

Si ce Camarade lui a avoué pluſieurs fois qu'il tient la Lettre de
Leibnitz, ainſi que pluſieurs autres,
d'un homme mort il y a quelques
années, que le Candidat n'en tire

pas. avantage avec malignité, qu'il
ne se serve pas à peu près des mêmes artifices dont quelqu'un s'est
servi contre les Mairan, les Cassini
& d'autres vrais philosophes; qu'il
n'exige jamais dans une dispute
frivole , qu'un mort ressuscite
pour rapporter la minute inutile
d'une Lettre de *Leibnitz*, & qu'il
réserve ce miracle pour le tems où
il prophétisera; qu'il ne compro-
mette personne dans une querelle
de néant, que la vanité veut rendre
importante , & qu'il ne fasse point
intervenir les Dieux dans la guer-
re des rats & des grenouilles.
Qu'il n'écrive point lettres sur lettres à une grande Princesse pour
forcer au silence son adversaire,
& pour lui lier les mains afin de
l'assassiner à loisir.

Que dans une misérable dispute sur la Dynamique, il ne fasse
point sommer, par un exploit aca-
demique, un Professeur de com-

paroître dans un mois ; qu'il ne
le fasse point condamner par con-
tumace comme ayant attenté à sa
gloire, comme forgeur de lettres
& faussaire, surtout quand il est
évident que les lettres de *Leibnitz*
sont de *Leibnitz*, & qu'il est prouvé que les lettres sous le nom d'un
Président n'ont pas été plus reçues
de ses Correspondans que lues du
Public.

Qu'il ne cherche point à inter-
dire à personne la liberté d'une
juste défense ; qu'il pense qu'un
homme qui a tort & qui veut des-
honorer celui qui a raison, se
deshonore soi-même.

Qu'il croye que tous les gens
de lettres sont égaux, & il gagne-
ra à cette égalité.

Qu'il ne s'avise jamais de de-
mander qu'on n'imprime rien sans
son ordre.

Nous finissons par l'exhorter à
être docile, à faire des études sé-

rieufes & non des caballes vaines;
car ce qu'un Savant gagne en in-
trigues, il le perd en génie; de
même que dans la Méchanique,
ce qu'on gagne en tems on le
perd en forces. On n'a vu que
trop souvent des jeunes gens qui
ont commencé par donner de
grandes espérances & de bons ouvrages, finir enfin par n'écrire que
des sottises, parce qu'ils ont voulu être des courtisans habiles au
lieu d'être d'habiles écrivains, parce qu'ils ont substitué la vanité à
l'étude, & la dissipation qui af-
foiblit l'esprit au recueillement
qui le fortifie; on les a loués &
ils ont cessé d'être louables; on
les a recompensés & ils ont cessé
de mériter des recompenses; ils
ont voulu paroître, & ils ont cessé
d'être: car lorsque dans un Auteur une *somme* d'erreurs est égale
à une *somme* de ridicules, *le néant
vaut son existence.*

DÉFENSE
DE MILORD
BOLLINGBROKE,

Par le Docteur GOOD NATUR'D
WELL WISHER, Chapelain du
Comte de Chesterfield.

Traduit de l'Anglois.

Imprimé avec la permission des
Supérieurs.

Novembre 1752.

DÉFENSE
DE MILORD
BOLLINGBROKE.

C'eſt un devoir de deſfendre la mémoire des morts illuſtres. On prendra donc ici en main la cauſe de feu Milord Bollingbroke, inſulté dans quelques Journaux à l'occaſion de ſes excellentes lettres qu'on a publiées. Il eſt dit dans ces Journaux, *que ſon nom ne doit point avoir d'autorité en matière de Religion & de Morale.* Quant à la morale, celui qui a fourni à l'admirable Pope tous les principes de ſon Eſſai

D

sur l'homme , est sans doute le
plus grand maître de sagesse &
de mœurs qui ait jamais été.
Quant à la Religion , il n'en a
parlé qu'en homme consommé
dans l'histoire & dans la Philosophie. Il a eu la modestie de se ren-
fermer dans la partie historique
soumise à l'examen de tous les savans , & l'on doit croire que si
ceux qui ont écrit contre lui avec
tant d'amertume avoient bien exa-
miné ce que l'illustre Anglois a dit,
ce qu'il pouvoit dire , & ce qu'il
n'a point dit , ils auroient plus
ménagé sa mémoire. Milord Bollingbroke n'entroit point dans
des discussions Théologiques à l'é-
gard de Moïse. Nous suivrons son
exemple ici en prenant sa défense.

Nous nous contenterons de re-
marquer , que la Foi est le plus
sûr appui des Chrétiens , & que

c'eſt par la Foi ſeule que l'on doit
croire les hiſtoires rapportées dans
le Pentateuque. S'il falloit citer
ces livres au tribunal ſeul de la
raiſon, comment pourroit on jamais terminer les diſputes qu'ils
ont excitées ? La raiſon n'eſt-elle
pas impuiſſante à expliquer comment le ſerpent parloit autrefois,
comment il ſéduiſit la mére des
hommes, comment l'âneſſe de
Balaam parloit à ſon maître, &
tant d'autres choſes ſur leſquelles
nos foibles connoiſſances n'ont
aucune priſe. La foule prodigieu-
ſe de miracles qui ſe ſuccédent ra-
pidement les uns aux autres, n'é-
pouvante-t-elle pas la raiſon humaine ? Pourra-t-elle comprendre
quand elle ſera abandonnée à ſes
propres lumiéres, que les Prêtres
des Dieux d'Egypte ayent opéré
les mêmes prodiges que Moïſe en-
voyé du vrai Dieu, qu'ils ayent

par exemple chang: toutes les
eaux d'Egypte en ſang après que
Moïſe eut fait ce changement
prodigieux? Et quelle Phyſique,
quelle Philoſophie ſuffiroit à expliquer comment ces PrêtresEgyp-
tiens purent trouver encore des
eaux à métamorphoſer en ſang
lorſque Moïſe avoit déja fait cette métamorphoſe.

Certes, ſi nous n'avions pour
guide que la lumiere foible &
tremblante de l'entendement humain, il y a peu de pages dans
le Pentateuque que nous puiſſions
admettre ſuivant les régles éta-
blies par les hommes pour juger
des choſes humaines. D'ailleurs
tout le monde avoue qu'il eſt im-
poſſible de concilier la Chrono-
logie confuſe qui régne dans ce
livre, tout le monde avoue que
la Géographie n'y eſt pas exacte
en beaucoup d'endroits. Les noms

des villes qu'on y trouve, lesquelles ne furent pourtant appellées
de ces noms que longtems après,
font encore beaucoup de peine
malgré la torture qu'on s'est don-
née pour expliquer des passages
si difficiles. Quand Milord Bollingbroke a appliqué les régles de
la critique au livre du Pentateuque, il n'a point prétendu ébranler
les fondemens de la Religion, &
c'est dans cette vue qu'il a sépa-
ré le dogmatique d'avec l'historique avec une circonspection qui
devroit lui tenir lieu d'un tres-
grand mérite auprès de ceux qui
l'ont voulu décrier. Ce puissant
génie a prévenu ses adversaires
en séparant la foi de la raison, ce
qui est la seule maniére de terminer toutes ces disputes. Beaucoup
de savans hommes avant lui &
surtout le Pere Simon ont été de
son sentiment, ils ont dit qu'il

importoit peu que Moïse lui-mê-
me eût écrit la Genéfe & l'Exo-
de, ou que des Prêtres euffent re-
cueilli dans des tems poftérieurs
les traditions que Moïfe avoit
laiffées. Il fuffit qu'on croie en
ces livres avec une foi humble &
foumife, fans qu'on fâche préci-
fément quel eft l'auteur à qui
Dieu feul les a vifiblement infpi-
rés pour confondre la raifon.

Les adverfaires du grand Homme dont nous prenons ici la def-
fenfe, difent qu'*il eft auffi bien*
prouvé que Moïfe eft l'auteur du Pen-
tateuque, qu'il l'eft qu'Homére a fait
l'Iliade. Ils permettront qu'on leur
réponde que la comparaifon n'eft
pas jufte. Homére ne cite dans
l'Iliade aucun fait qui fe foit paf-
fé longtems après lui. Homére ne
donne point à des villes, à des
provinces des noms qu'elles n'a-
voient pas de fon tems. Il eft donc

clair que si on ne s'attachoit
qu'aux régles de la critique pro-
phane on seroit en droit de pré-
sumer qu'Homére est l'auteur de
l'Iliade & non pas que Moïse est
l'auteur du Pentateuque. La sou-
mission seule à la religion tranche
toutes ces difficultés, & je ne vois
pas pourquoi Milord Bollingbroke soumis à cette religion comme
un autre, a été si vivement atta-
qué.

On affecte de le plaindre de
n'avoir point lû *Abbadie.* A qui
fait-on ce reproche ? à un homme
qui avoit presque tout lû, à un
homme qui le cite (*page 94. du
premier tome de ses lettres, à Londres chez Miller*). Il méprisoit
beaucoup *Abbadie,* j'en conviens,
& j'avouerai qu'Abbadie n'étoit
pas un génie à mettre en parallè-
le avec le Vicomte de Bollingbroke. Il deffend quelquefois la

vérité avec les armes du menson-
ge. Il a eu des fentimens que nous
avons jugés erronés fur la Trinité,
& enfin il eft mort en démence à
Dublin.

On reproche au Lord Bollingbroke de n'avoir point lû le livre
de l'Abbé Houteville intitulé *la
Religion prouvée par les faits*. Nous
avons connu l'Abbé Houteville.
Il vécut longtems chez un Fermier
Général qui avoit un fort joli Serrail. Il fut enfuite Sécretaire de
ce fameux Cardinal Dubois qui
ne voulut jamais recevoir les Sa-
cremens à la mort & dont la vie
a été publique. Il dédia fon livre
au Cardinal d'Auvergne Abbé de
Cluni *propter clunes*. On rit beaucoup à Paris où j'étois alors &
du livre & de la dédicace, & on
fait que les objections qui font
dans ce livre contre la Religion
Chrétienne, étant malheureuse-
ment

ment beaucoup plus fortes que les
réponfes, ont fait une impreffion
funefte, dont noùs voyons tous
les jours les effets avéc douleur.

Milord Bollingbroke avance
que depuis longtems le Chriftia-
nifme tombe en décadence. Ses
adverfaires ne l'avouent-ils pas
auffi ? Ne s'en plaignent-ils pas
tous les jours ? Nous prendrons
ici la liberté de leur dire pour le
bien de la caufe commune & pour
le leur propre, que ce ne fera
jamais par des invectives, par des
maniéres de parler méprifantes
jointes à de très mauvaifes rai-
fons, qu'on ramènera l'efprit de
ceux qui ont le malheur d'être in-
crédules. Les injures révoltent tout
le monde & ne perfuadent per-
fonne. On fait trop lég rement
des reproches de *débauche* & de
mauvaife conduite à des Philofophes qu'on devroit feulement

E

plaindre de s'être égarés dans leurs opinions.

Par exemple, les adversaires de Milord Bollingbroke le traitent de *débauché* parce qu'il communique à Milord Cornsburi ses pensées sur l'histoire. On ne voit pas quel rapport cette accusation peut avoir avec son livre. Un homme qui du fond d'un serrail écriroit en faveur du concubinage, un usurier qui feroit un livre en faveur de l'usure, un Apicius qui écriroit sur la bonne chére, un tyran ou un rebelle qui écriroit contre les loix, de pareils hommes mériteroient sans doute qu'on accusât leurs mœurs d'avoir dicté leurs écrits ; mais un homme d'état tel que Milord Bollingbroke, vivant dans une retraite philosophique & faisant servir son immense littérature à cultiver l'esprit d'un Seigneur digne d'être

inftruit par lui, ne méritoit cer-
tainement pas que des hommes
qui doivent fe piquer de décence,
imputaffent à fes débauches paf-
fées des ouvrages qui n'étoient
que le fruit d'une raifon éclairée
par des études profondes.

Dans quel cas eft-il permis de
reprocher à un homme les defor-
dres de fa vie? C'eft dans ce feul
cas-ci peut-être, quand fes mœurs
démentent ce qu'il enfeigne. On
auroit pû comparer les fermons
d'un fameux Prédicateur de notre
tems avec les vols qu'il avoit faits
à Milord Gallovai & avec fes in-
trigues galantes. On auroit pu
comparer les fermons du célébre
Curé des Invalides & de *Fanin*
Curé de Verfailles avec les pro-
cès qu'on leur fit pour avoir fé-
duit & volé leurs pénitentes. On
auroit pû comparer les mœurs de
tant de Papes & d'Evêques avec

la religion qu'ils foutenoient par
le fer & par le feu. On auroit pu
mettre d'un côté leurs rapines
leurs bâtards, leurs affaffinats,&
de l'autre leurs bulles & leurs man-
demens. C'eft dans de pareilles
occafions qu'on eft excufable de
manquer à la charité qui nous ordonne de cacher les fautes de
nos fréres. Mais qui a dit aux dé-
tracteurs de Milord Bollingbroke,
qu'il aimoit le vin & les filles?
Et quand il les auroit aimées,
quand il auroit eu autant de con-
cubines que David, Salomon ou
le grand Turc, en connoîtroit-on
d'avantage le véritable auteur du
Pentateuque?

Nous convenons qu'il n'y a que
trop de Déiftes. Nous gémiffons
de voir que l'Europe en eft rem-
plie. Ils font dans la magiftrature,
dans les armées, dans l'Eglife,
auprès du trône, & fur le trône

même. La littérature en est surtout inondée, les Académies en
sont pleines. Peut-on dire que ce
soit l'esprit de débauche, de licen-
ce, d'abandonnement à leurs paf-
sions qui les réunissent ? Oferons-
nous parler d'eux avec un mépris
affecté ? Si on les méprisoit tant,
on écriroit contre eux avec moins
de fiel ; mais nous craignons beaucoup que ce fiel qui est trop réel &
ces airs de mépris qui sont si faux,
ne fassent un effet tout contraire à
celui qu'un zéle doux & charitable
soutenu d'une doctrine saine &
d'une vraïe philosophie pourroit
produire.

Pourquoi traiterons nous plus
durement les Déistes qui ne sont
point idolâtres que les Papistes
à qui nous avons tant reproché
l'idolatrie ? on fifleroit un Jésuite
qui diroit aujourd'hui que c'est
le libertinage qui fait des Protef-

tans. On riroit d'un Proteftant
qui diroit que c'eft la dépravation
des mœurs qui fait aller à la Meffe.
De quel droit pouvons nous donc
dire à des Philofophes adorateurs d'un Dieu, qui ne vont
ni à la Meffe ni au Prêche, que
ce font des hommes perdus de vi-
ces ?

Il arrive quelquefois que l'on
ofe attaquer avec des invectives
indécentes des perfonnes qui à la
vérité font affez malheureufes
pour fe tromper, mais dont la
vie pourroit fervir d'exemple à
ceux qui les attaquent. On a vû
des Journaliftes qui ont même
porté l'imprudence jufqu'à défi-
gner injurieufement les perfonnes les plus refpectables de l'Europe, & les plus puiffantes. Il n'y a
pas longtems que dans un papier
public un homme emporté par un
zéle indifcret ou par quelque au-

tre motif fit une étrange sortie
sur ceux qui pensent que *de sages
loix*, *la discipline militaire*, *un gou-
vernement équitable & des exemples
vertueux peuvent suffire pour gouverner les hommes*, *en laissant à Dieu
le soin de gouverner les conscien-
ces*. Un très grand homme étoit
désigné dans cet écrit périodique
en termes bien peu mesurés. Il
pouvoit se venger comme homme
il pouvoit punir comme Prince,
il répondit en Philosophe : *Il faut
que ces misérables soient bien per-
suadés de nos vertus & surtout de
notre indulgence, puisqu'ils nous ou-
tragent sans crainte avec tant de bru-
talité*.

Une telle réponse doit bien
confondre l'auteur, quel qu'il soit,
qui en combattant pour la cause
du Christianisme a employé des
armes si odieuses. Nous conju-
rons nos frères de se faire aimer

pour faire aimer notre Religion.
Que peuvent penſer en effet un
Prince appliqué, un Magiſtrat
chargé d'années, un Philoſophe
qui aura paſſé ſes jours dans ſon
cabinet, en un mot tous ceux qui
auront eu le malheur d'embraſſer
le Déiſme par les illuſions d'une ſa-
geſſe trompeuſe, quand ils voient
tant d'écrits où on les traite de cerveaux évaporés, de petits maîtres,
de gens à bons mots & à mauvaiſes
mœurs ? Prenons garde que le mépris & l'indignation que de pareils
écrits leur inſpirent ne les affer-
miſſent dans leurs ſentimens.

Ajoutons un nouveau motif à
ces conſidérations. C'eſt que cette
foule de Déiſtes qui couvre l'Europe eſt bien plus près de recevoir
nos vérités, que d'adopter les
dogmes de la Communion romai-
ne. Ils avouent tous que notre religion eſt plus ſenſée que celle des
Papiſtes

Papistes. Ne les éloignons donc
pas, nous qui sommes les seuls
capables de les ramener. Ils adorent un Dieu & nous aussi, ils
enseignent la vertu, & nous aussi.
Ils veulent qu'on soit soumis aux
Puissances, qu'on traite tous les
hommes comme des frères, nous
pensons de même, nous partons
des mêmes principes. Agissons
donc avec eux comme des parens
qui ont entre les mains les titres
de la famille, & qui les montrent
à ceux qui descendus de la même
origine savent seulement qu'ils
ont le même père, mais qui n'ont
point les papiers de la maison.

Un Déiste est un homme qui
est de la Religion d'Adam, de
Sem, de Noé: Jusques-là il est
d'accord avec nous. Disons lui :
Vous n'avez qu'un pas à faire de la
Religion de Noé aux préceptes
donnés à Abraham. Après la Reli-

F

ligion d'Abraham paſſez à celle de
Moïſe. Quittez tout de ſuite la
religion de Moïſe pour celle du
Meſſie. Enfin quand vous aurez
vû que la religion du Meſſie a été
corrompue, vous choiſirez entre
Wiclef, Luther, Jean Huſs, Cal-
vin, Mélanchton, Oecolompade
Zwingle, Storck, Parker, Ser-
vet, Socin, Fox & d'autres Refor-
mateurs. Ainſi vous aurez un fil
qui vous conduira dans ce grand
labyrinthe depuis la création de
la Terre juſqu'à l'année 1752. S'il
pous répond qu'il a lu tous ces
grands hommes, & qu'il aime
mieux être de la religion de So-
crate, de Platon, de Trajan, de
Marc-Auréle, de Cicéron, de Pli-
ne, &c. Nous le plaindrons,
nous prierons Dieu qu'il l'illumi-
ne, & nous ne lui dirons point
d'injure. Nous n'en diſons point
aux Muſulmans, aux Diſciples de

Confucius. Nous ne chargeons
point d'invectives les Juifs mêmes
qui ont fait mourir notre Dieu
par le dernier supplice ; au contraire nous commerçons avec eux,
nous leur accordons les plus grands
priviléges. Nous n'avons donc aucune raison pour crier avec tant
de fureur contre ceux qui adorent
un Dieu avec les Musulmans, les
Chinois, les Juifs & nous, & qui
ne reçoivent pas plus notre Théologie que toutes ces nations ne la
reçoivent.

Nous concevons bien qu'on ait
poussé des cris terribles dans le
tems que d'un côté on vendoit
les Indulgences & les Bénéfices,
& que de l'autre on dépossédoit
des Evêques, & qu'on forçoit les
portes des Cloîtres. Le fiel couloit
alors avec le sang. Il s'agissoit de
conserver ou de détruire des usur-
pations ; mais nous ne voyons pas

que ni Milord Bollingbroke, ni
Milord Shaftersburi, ni l'illustre
Pope qui a immortalisé les principes de l'un & de l'autre, ayent
voulu toucher à la pension d'aucun Ministre du Saint Evangil.
Jurieu fit bien ôter une pension à
Bayle, mais jamais le respectable
Bayle ne songea à faire diminuer
les appointemens de Jurieu. De-
meurons donc en repos. Prêchons
une morale aussi pure que celle
des Philosophes adorateurs d'un
Dieu, qui d'accord avec nous
dans ce grand principe, enseignent les mêmes vertus que nous,
sur lesquelles personne ne dispute,
mais qui n'enseignent pas les mêmes dogmes sur lesquels on dispu-
té depuis dix-sept cens ans, & sur
lesquels on disputera encore.

Fin.